CONTENTS

1 ラ・カンパネラ ——————————— 6
   La Campanella

2 ハンガリー狂詩曲 第2番 ——————————— 17
   Hungarian Rhapsody No.2

3 ため息 ——————————— 40
   Un Sospiro

4 泉のほとりで 「巡礼の年 第1年 スイス」より ——————————— 50
   Au bord d'une source

5 愛の夢 第3番 ——————————— 58
   Liebesträume III

6 コンソレーション 第3番 ——————————— 64
   Consolations No.3

7 村の居酒屋での踊り 「メフィスト・ワルツ 第1番」 ——————————— 68
   Mephisto Waltz No.1 "Der Tanz in der Dorfschenke"

フランツ・リスト [Franz (Ferenc) Liszt・1811年－1866年]

　ハンガリー生まれの作曲家・ピアニスト。19世紀を代表する最大のピアニストで、ピアノのヴィルトゥオーソ芸術を確立しました。作曲面ではベルリオーズから継承された『標題音楽』を発展させ、『交響詩』のジャンルを創始しました。同時代には1810年生まれのショパンやシューマンがいました。父はハンガリー人、母はドイツ人。リスト自身、祖国ハンガリーでの生活は短かったそうです。幼少から優れた音楽的な才能を開花。9歳でピアノの公開演奏を行いました。1820年頃からピアノをツェルニーに、サリエリには作曲を学び始めました。さらにパリ音楽院では、A. ライヒャ、F. バエールに師事しました。1823年頃から欧州各国を巡る演奏旅行を行い、前半生はピアニストとして活躍しました。1831年にはベルリオーズの作品やパガニーニの演奏を聴いて、ピアノ演奏スタイルを追求し、翌年にはショパンから影響を受け、ロマンティックな詩情を作品に盛り込みました。1835年から1839年にはマリー・ダグー伯爵夫人と同棲。夫人との間に生まれたのが、のちにワーグナー夫人となるコジマです。1840年ワーグナーに会いました。1847年にはウクライナへ演奏旅行し、この頃からカロリーネ・ザイン・ヴィットゲンシュタイン侯爵夫人と親交を結び、後に同棲しました。1848年からワイマールに定住して、指揮者、作曲家として活躍しました。新進気鋭の音楽家を後押ししたり、ピアノ教師として数多くの優れたピアニストを育成し、意欲的な作品を書き残しています。1861年、カロリーネとの結婚の承諾を得るためにローマに行きましたが、教皇からの許しは得られませんでした。しばらくローマに滞在して宗教的色彩の濃い作品を残しました。1861年以後、リストは僧籍に入り、生涯黒衣をまといました。1869年には再びワイマールに戻り、作曲家と教師として名声を広め、これまでのようにピアノ奏者、指揮者の活動にも力を注ぎました。1873年に故国ハンガリーに帰り、盛大な歓迎を受けました。1886年には各地で生誕75年祝賀音楽会が開催されました。途中、フランスからバイロイトへ向かう間に感冒から肺炎を起こし、バイロイトで帰らぬ人となりました。リストの功績は多大で、ピアニスト、作曲家の両面からピアノという楽器の可能性、表現性を追求し、拡大しました。ピアノ作品のみならず、交響詩のスタイルを確立し、標題音楽により新しい可能性を切り開きました。

［ 楽 曲 解 説 ］

1：ラ・カンパネラ
La Campanella

　超人的な演奏によって伝説的、神話的に伝えられるヴァイオリンのヴィルトゥオーソ、ニッコロ・パガニーニは、1817年にヴァイオリン無伴奏曲集『24の奇想曲』を、1826年にヴァイオリン協奏曲第2番ロ短調 作品7を作曲しました。これら2つの作品からピアノ練習曲集として改作されたのが『パガニーニよる超絶技巧練習曲集（全6曲）』です。本書に収載した「ラ・カンパネラ（鐘）」は、『超絶技巧練習曲集』の改訂版である『パガニーニによる大練習曲集』の第3曲で、「ラ・カンパネラ」と呼ばれるヴァイオリン協奏曲の第3楽章を原曲とした作品です。リストはパガニーニのヴァイオリンから多大な影響を受け、中でも1831年3月にパリで開催されたリサイタルを聴いた折の「私はピアノのパガニーニになるのだ」と興奮した様子が伝えられています。

2：ハンガリー狂詩曲　第2番
Hungarian Rhapsody No.2

　リストはオーストリア大帝国に属していたハンガリーで幼少年時代を過ごしました。11歳以降はパリ、ジュネーヴ、イタリアの各地、ワイマールなどを転々としましたが、祖国愛は強く、28歳の頃にハンガリーに伝わる「民族的メロディー」をまとめました。結果的にそれは純粋な伝承民族音楽ではなく、ロマの音楽とハンガリーの土着的な音が混ざり合った独特なものとなりましたが、この時まとめられた『ハンガリーの民族的な旋律集』を土台にして『ハンガリー狂詩曲』は書き上げられました。第2番は1847年に作曲され、『狂詩曲』の中でもっともポピュラーな人気を誇る作品です。弟子のドップラーの協力で管弦楽曲に編曲されています。テレキ伯爵に献呈されています。

3：ため息
Un Sospiro

　1848年頃に作曲された『3つの演奏会用練習曲（別名『詩的カプリス集』）は次の3曲からなる曲集です。第1曲 変イ長調「悲しみ」、第2曲 ヘ短調「軽やかさ」、第3曲 変ニ長調「ため息」です。本楽曲は「dolce con grazia」とある通り「甘く、そして優雅に」という曲想がすべてを物語っています。アルペジオの伴奏にのりながら、5音で構成された甘美な旋律が奏でられます。実弟のE.リストに献呈されています。

4：泉のほとりで　「巡礼の年 第1年 スイス」より
Au bord d'une source

　リストはマリー・ダグー伯爵夫人のサロンで夫人と知り合い、やがて二人は激しい恋に陥りました。しかし世間はそれを許さず、1835年、ダグー夫人は夫の元から逃れてスイスへと向かい、リストはその後を追いかけていきました。リストの代表作『巡礼の年』の「第1年 スイス」と「第2年 イタリア」は、この逃避行中にスイス、イタリアで巡り会った風景、風物、芸術作品などから得られたインスピレーションを元に作曲された曲集です。本楽曲は「第1年 スイス」全9曲の第4曲目にあたります。

5：愛の夢　第3番
Liebesträume III

　ピアノ作品のみならず、リストは歌曲においても優れた作品を残しています。現在ではあまり歌われることはありませんが、100曲以上もの歌曲や合唱曲を作曲しています。1845年にフライリグラートの詩「おお、愛しうるかぎり愛せ（愛せよ、汝能うるかぎり）」、1849年にウーラントの詩「高貴なる愛（崇高なる愛）」と「私は死んだ（我死せり）」に曲を付けて歌曲にしています。これら3曲の歌曲をピアノ作品として1850年頃に改訂・編曲したものが『愛の夢─3つの夜想曲』です。本書に収載した「おお、愛しうるかぎり愛せ」を元にした第3番が「愛の夢」としてもっとも親しまれています。

6：コンソレーション　第3番
Consolations No.3

　『コンソレーション（なぐさめ）』は、1849年に作曲された6曲からなる小品集で、本書に収載した第3番が、おそらく「愛の夢 第3番」とともにリストの作品の中でも最もポピュラーな曲のひとつといえるでしょう。この曲集はザクセン＝ワイマール＝アイゼナハ大公妃マリア・パヴロヴナに献呈されました。

7：村の居酒屋での踊り　「メフィスト・ワルツ 第1番」
Mephisto Waltz No.1 "Der Tanz in der Dorfschenke"

　リストは、ゲーテの「ファウスト」に基づく「ファウスト交響曲」を完成後、今度はハンガリーの詩人レーナウの「ファウスト」に基づく管弦楽曲「夜の行列」と「村の居酒屋での踊り」を作曲しました。この「村の居酒屋での踊り」をピアノ独奏用に編曲したのが、「メフィスト・ワルツ第1番 "村の居酒屋での踊り"」です。1860年に制作されました。メフィストとともに居酒屋に現れたファウストが、人々がメフィストが奏でるヴァイオリンの音に陶酔する中、マルガレーテを連れ出し、星空のもと夜の森へと入っていく様が描写されています。

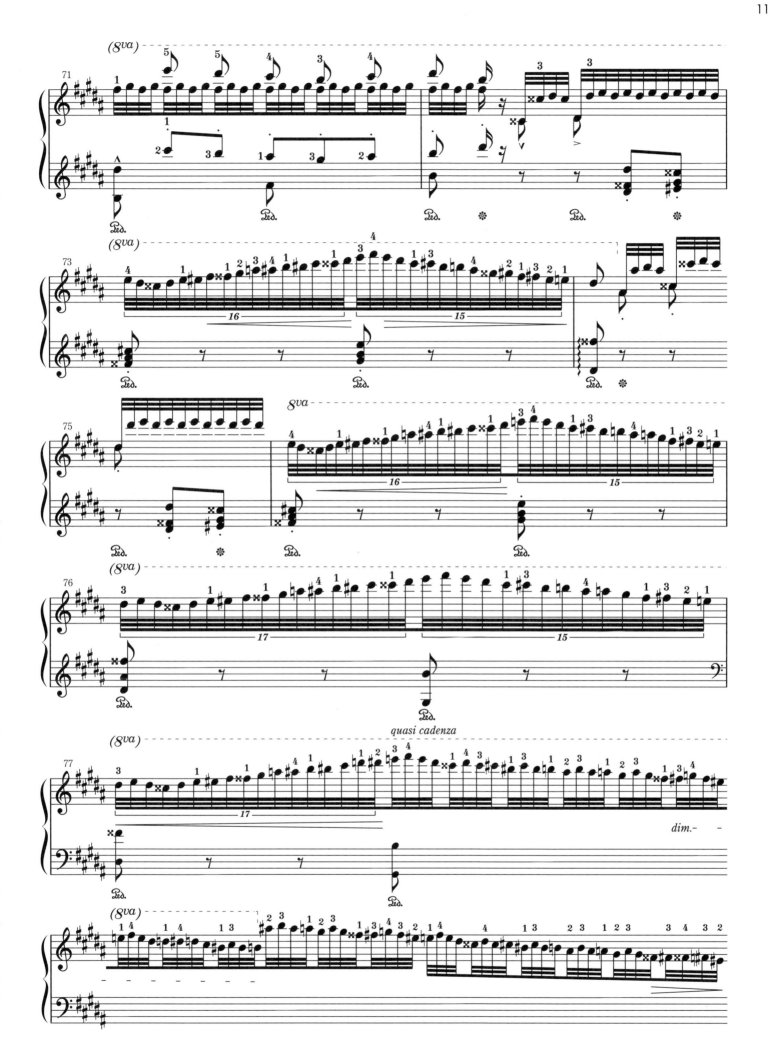

ハンガリー狂詩曲　第2番
Hungarian Rhapsody No.2

フランツ・リスト
Franz Liszt

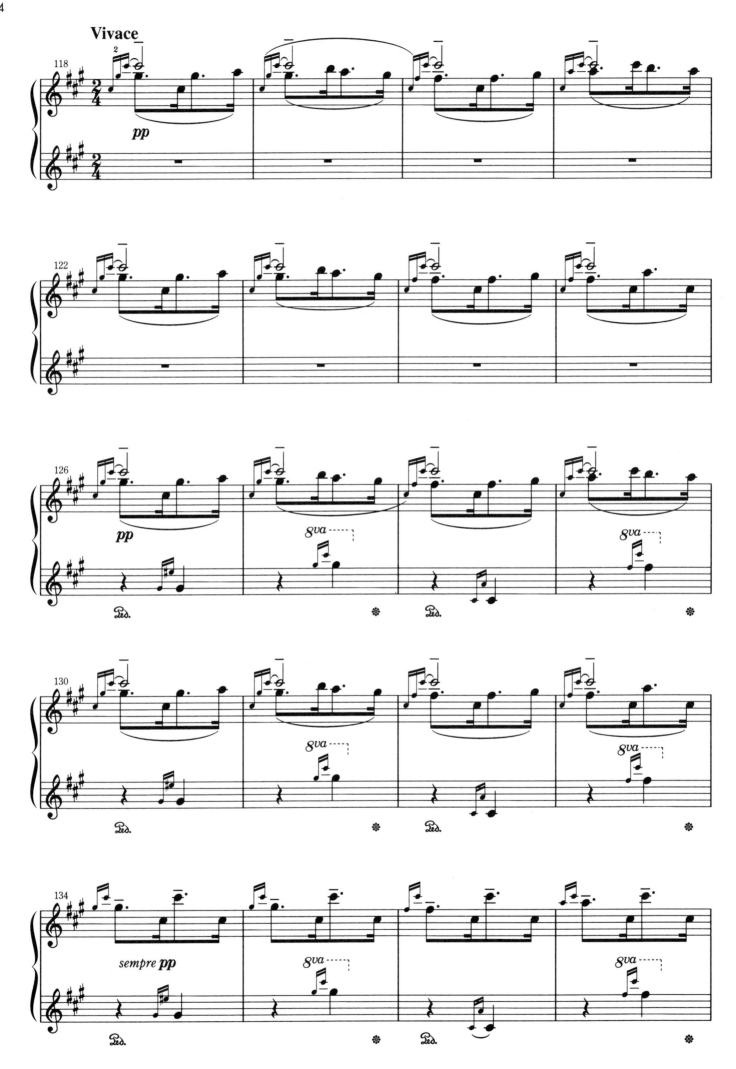

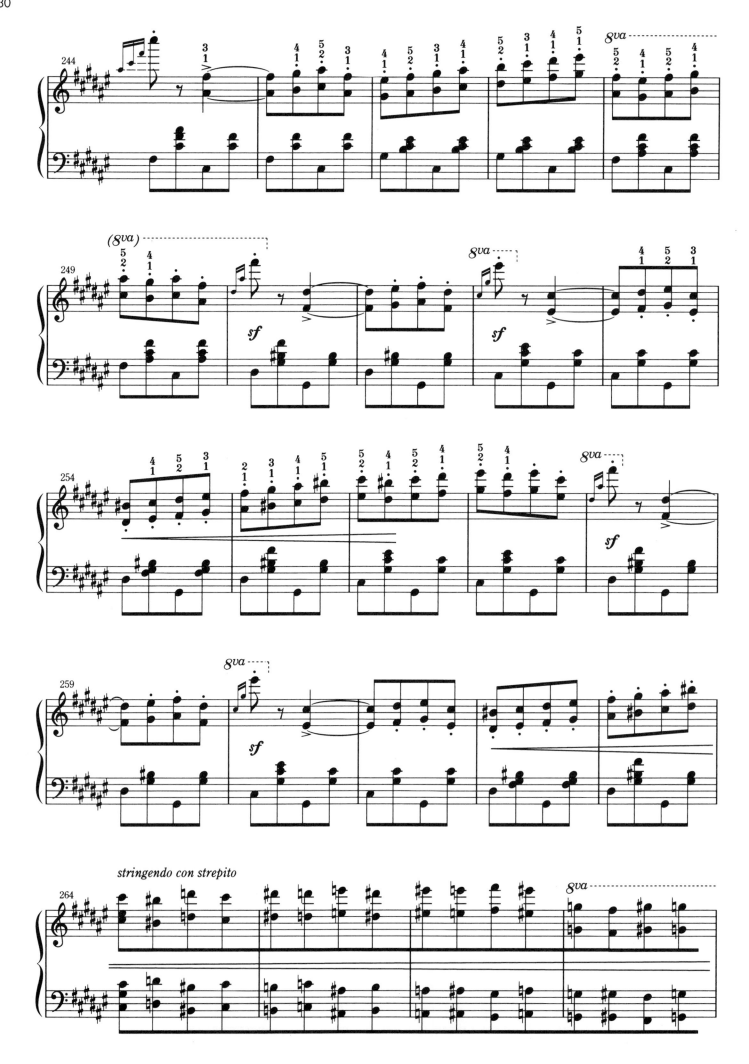

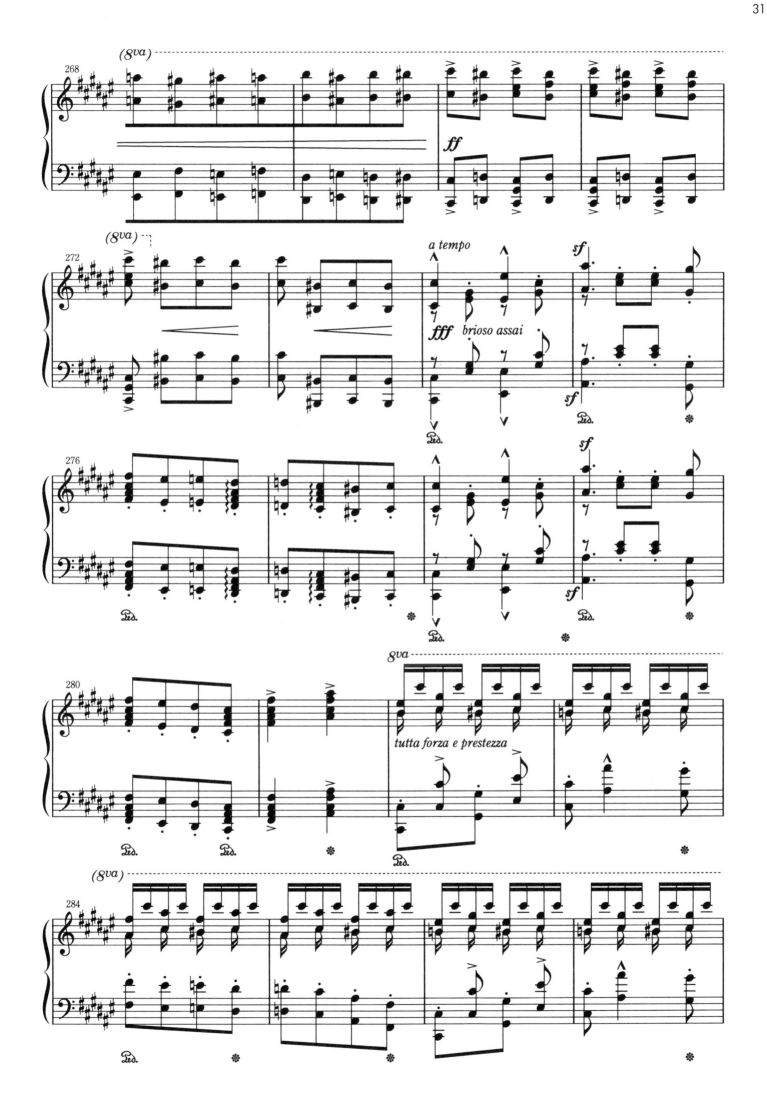

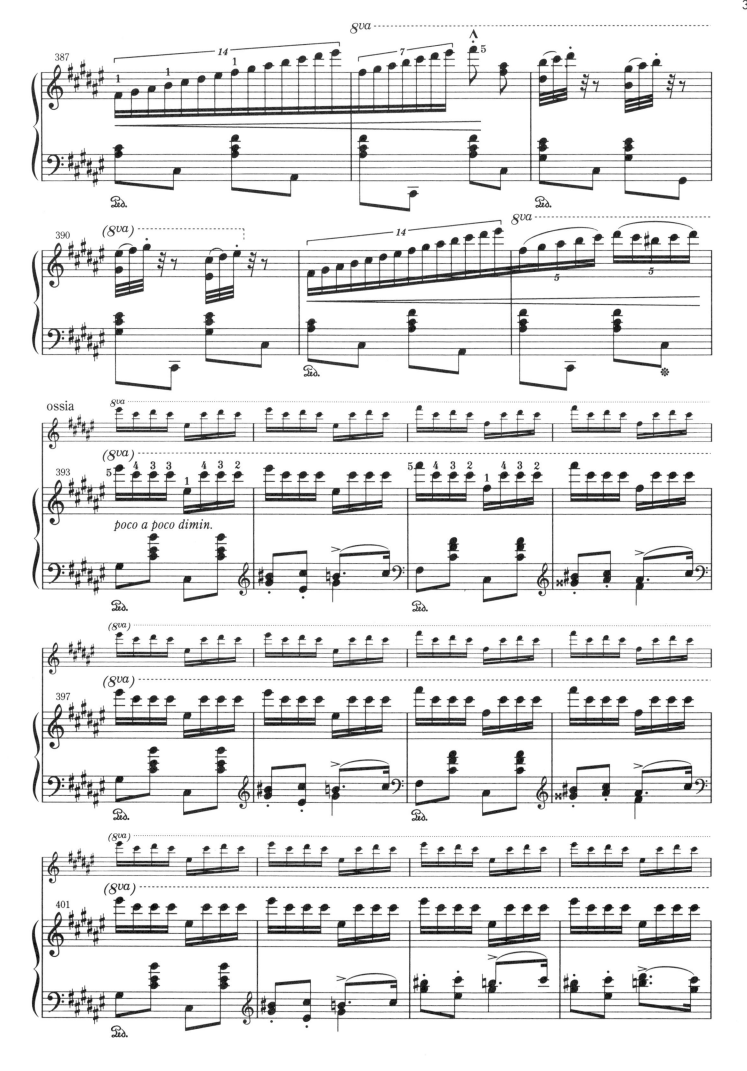

ため息
Un Sospiro

フランツ・リスト
Franz Liszt

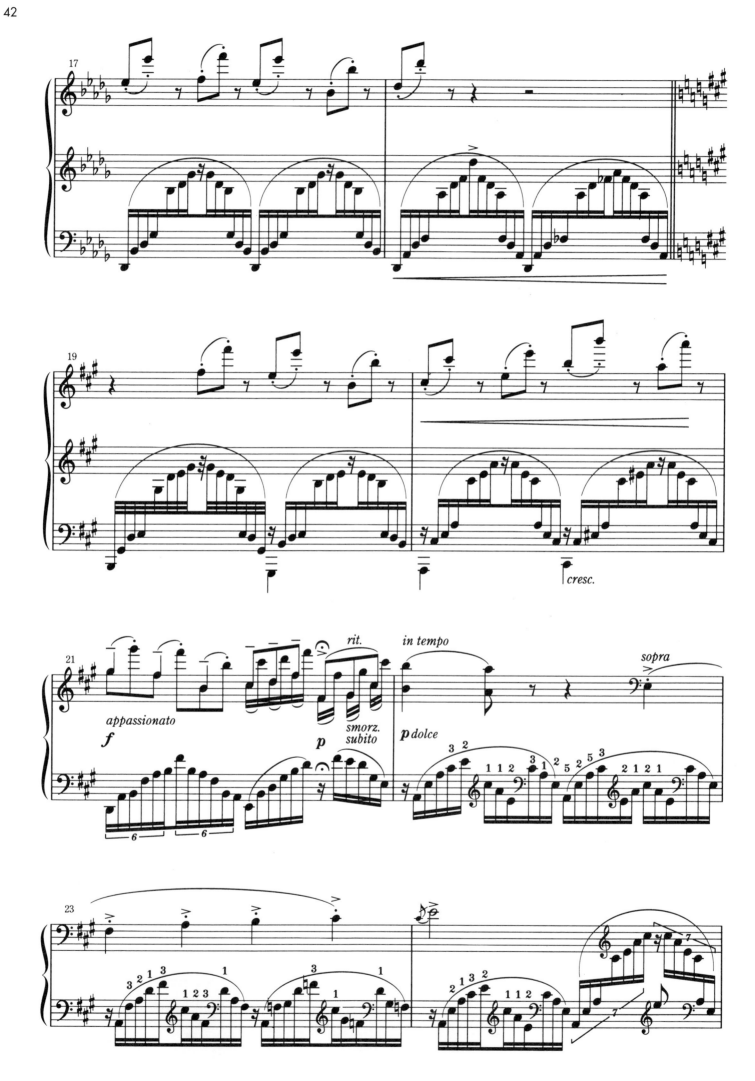

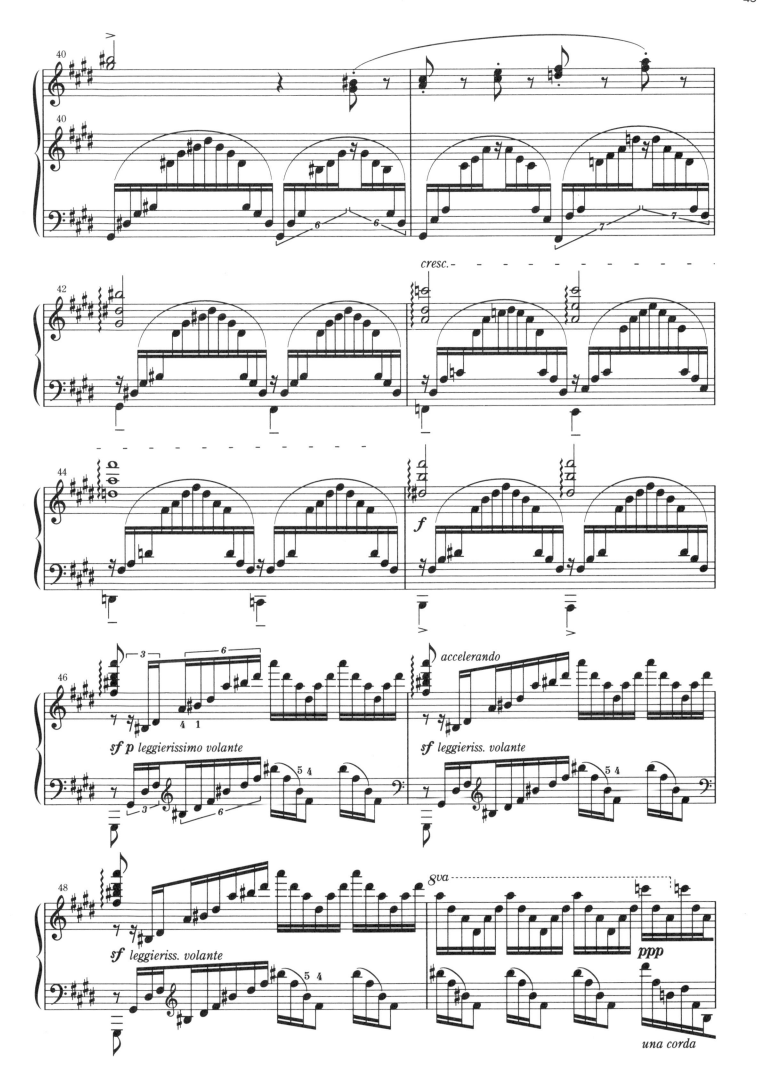

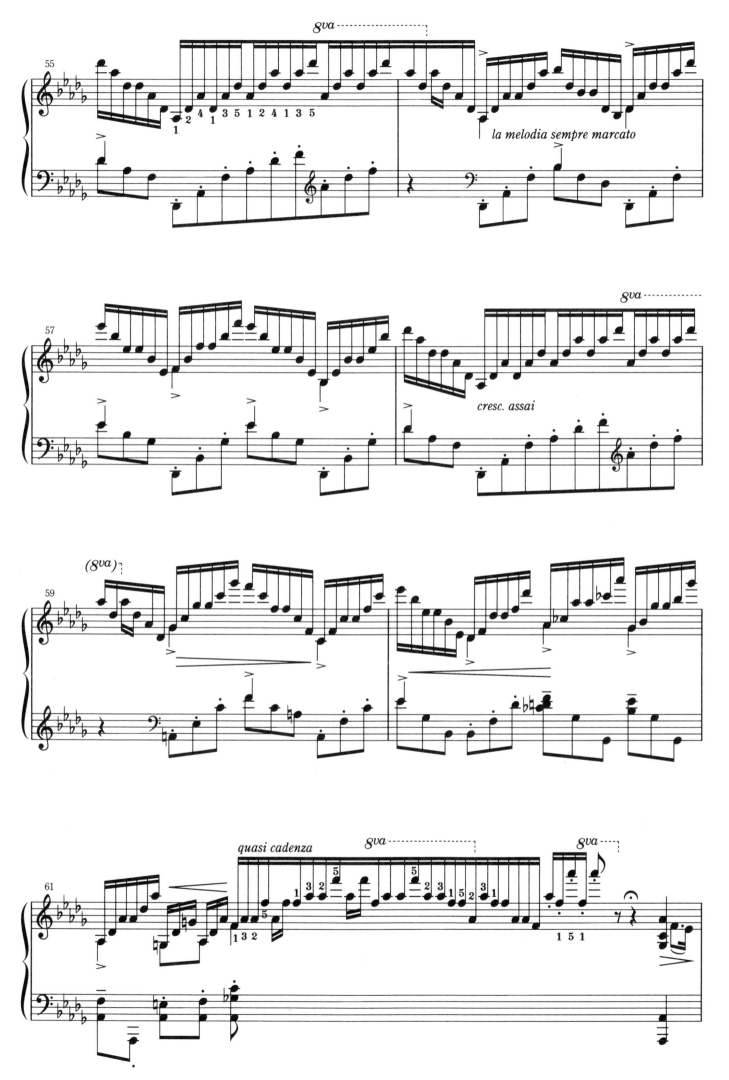

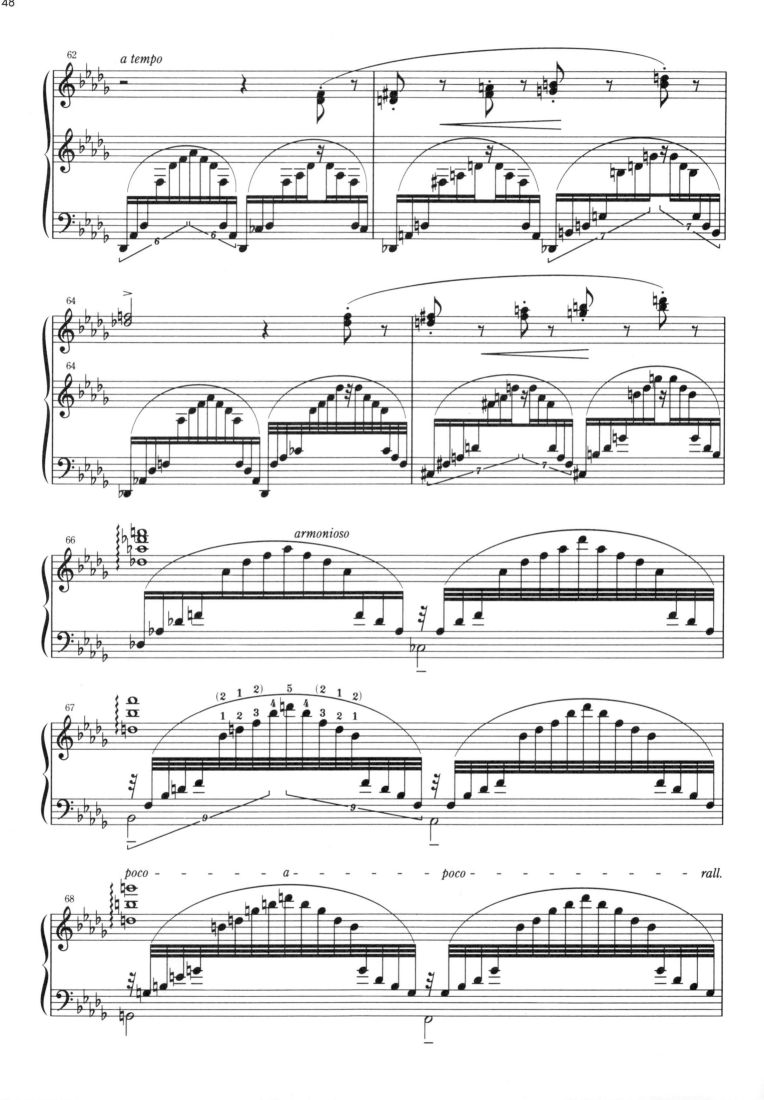

*) "Liszt also wrote down... the following mystically hovering conclusion with major triads on each of the six degrees of the descending whole-tone scale... to be performed *ad lib.* in place of the conclusion in the principal text :" (L–P)

泉のほとりで

「巡礼の年 第1年 スイス」より

Au bord d'une source

フランツ・リスト
Franz Liszt

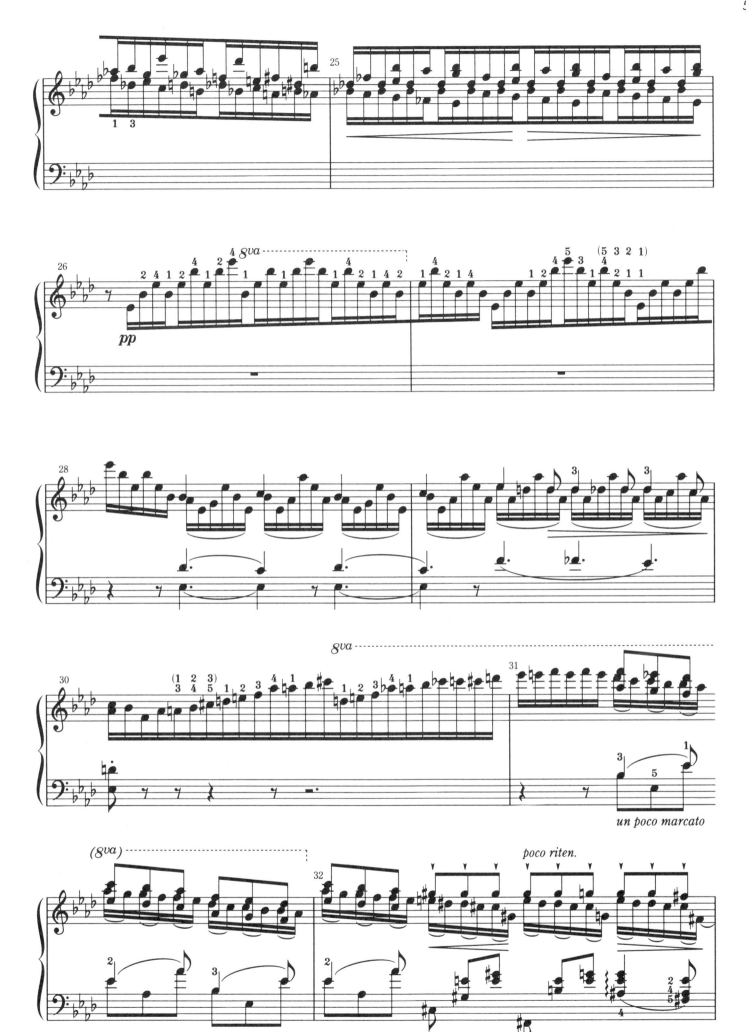

*) The version of the ending written for Giovanni Sgambati (1841-1914) in 1863:

愛の夢　第3番
Liebesträume III

フランツ・リスト
Franz Liszt

Poco allegro, con affetto

コンソレーション 第3番
Consolations No.3

フランツ・リスト
Franz Liszt

村の居酒屋での踊り

「メフィスト・ワルツ 第1番」

Mephisto Waltz No.1 "Der Tanz in der Dorfschenke"

フランツ・リスト
Franz Liszt

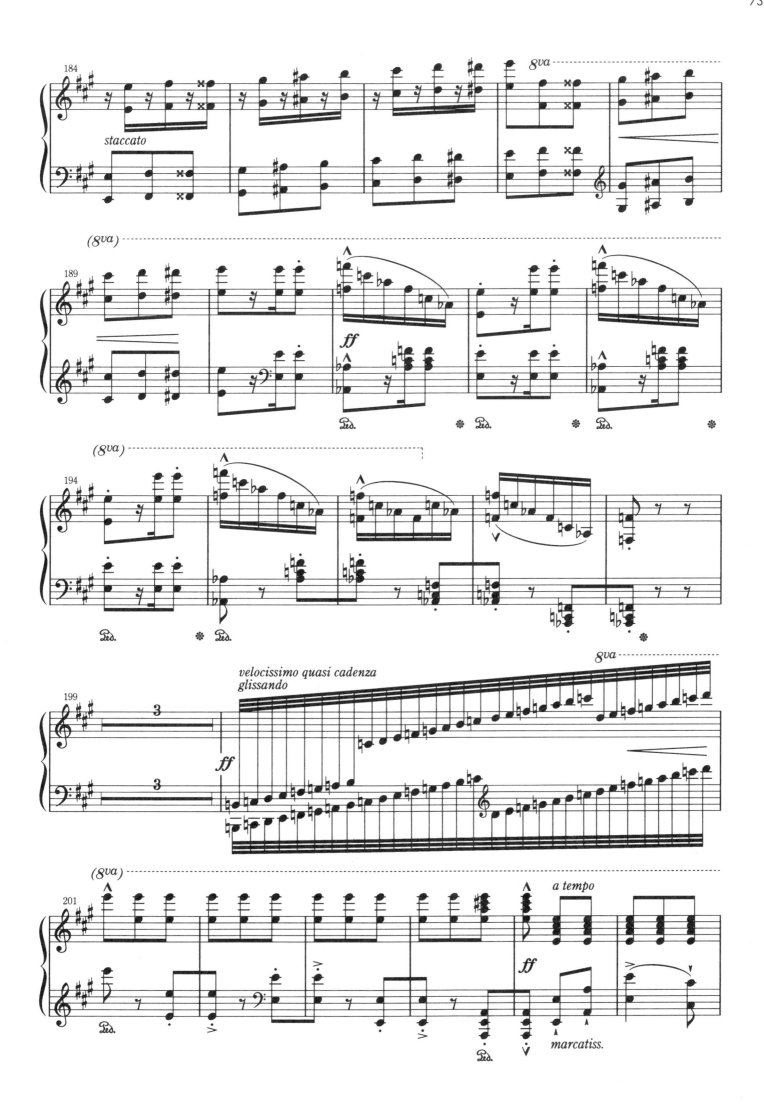

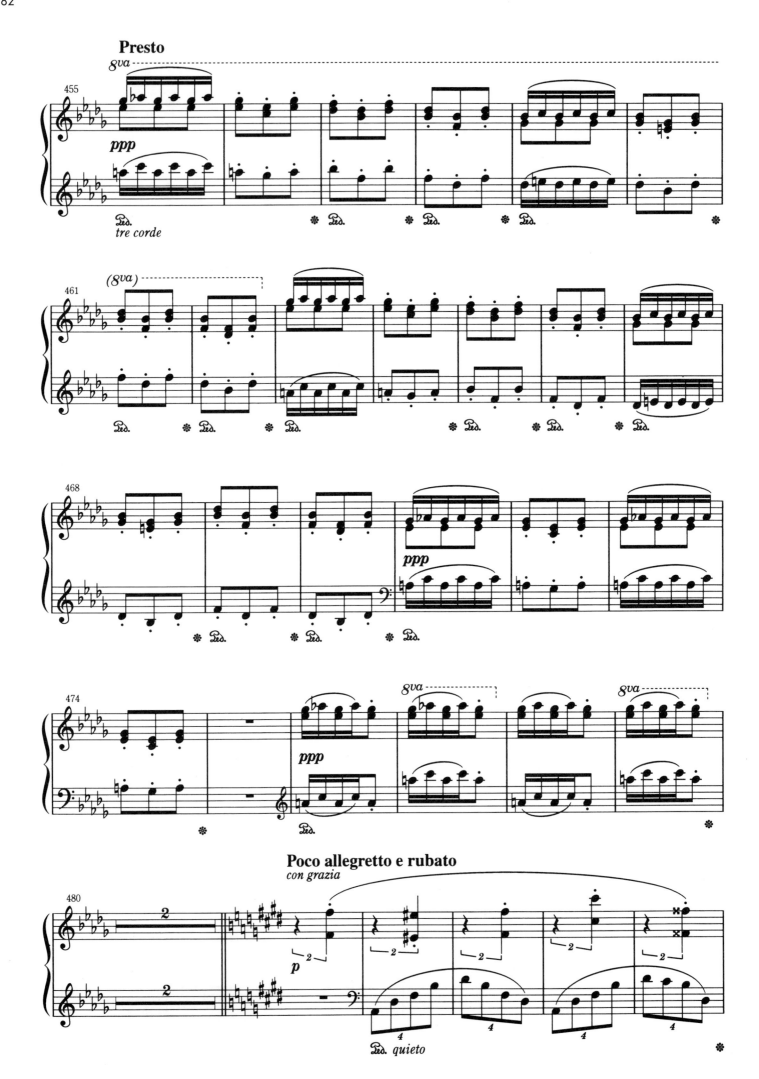

Ritenuto il tempo

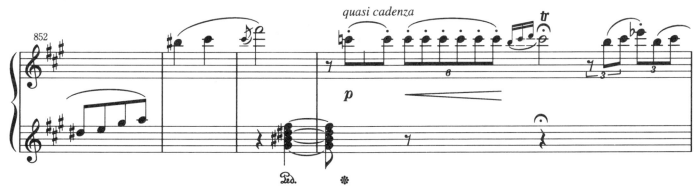

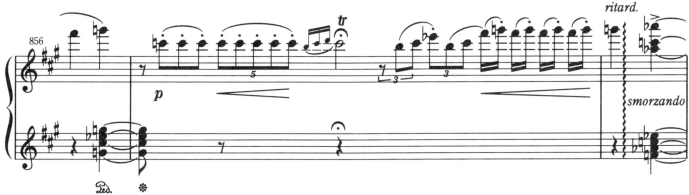

ピアノ名曲30
菊倍判／152頁／定価〔本体1,200円+税〕
ISBN978-4-86414-874-0　JAN4560378568749

愛の夢 第3番／亜麻色の髪の乙女／エリーゼのために／エンターテイナー／乙女の祈り／お人形の夢と目覚め／楽興の時 第3番／幻想即興曲／小犬のワルツ／アラベスク／ジムノペディ 第1番／楽しい農夫／前奏曲 第7番／雨だれの前奏曲／月の光／トルコ行進曲／亡き王女のためのパヴァーヌ／ノクターン Op.9-2／ラ・カンパネラ／花の歌／別れの曲／華麗なる大円舞曲 他 全30曲。

ピアノ名曲50選
菊倍判／200頁／定価〔本体1,600円+税〕
ISBN978-4-86633-786-9　JAN4589496597868

エリーゼのために／紡ぎ歌／花の歌／ユモレスク／小犬のワルツ／夢／雨だれの前奏曲／乙女の祈り／舟歌／結婚行進曲／ノクターン 作品9-2／幻想即興曲／舞踏の時間に／愛の夢 第3番／エンターテイナー／楽興の時 第3番／別れの曲／ハンガリア舞曲 第5番／亜麻色の髪の乙女／亡き王女のためのパヴァーヌ／トロイメライ／ラ・カンパネラ／ジュ・トゥ・ヴ／トルコ行進曲 他 全50曲。

ピアノ発表会名曲集
菊倍判／140頁／定価〔本体1,200円+税〕
ISBN978-4-86414-886-3　JAN4560378568862

エリーゼのために／トルコ行進曲／楽しい農夫／お人形の夢と目覚め／紡ぎ歌／前奏曲 第7番／すみれ／かっこう／ウィンナ・マーチ／クシコス・ポスト／乙女の祈り／ゆかいな鍛冶屋／ラルゴ／サラバンドと変奏／アヴェ・マリア／メヌエット／野ばらに寄せて／楽しい狩人／かっこうワルツ／舞踏の時間に／ジプシーの踊り／忘れな草／ティロリアンヌ／あやつり人形 他 全50曲。

グレード別 ピアノ名曲120選 初級
菊倍判／156頁／定価〔本体1,200円+税〕
ISBN978-4-86633-798-2　JAN4589496597981

お人形の夢と目覚め／すみれ／忘れな草／舞踏の時間に／ジプシーの踊り／メヌエット ト長調／ゆかいな鍛冶屋／ティロリアンヌ／ラッパ手のセレナード／楽しい狩人／蝶々／楽しい農夫／小さなロマンス／知らない国々／タンブラン／あやつり人形／紡ぎ歌／ジョスランの子守歌／クシコス・ポスト／エリーゼのために／さらばピアノよ／スケーターズ・ワルツ／ホフマンの舟歌 他 全61曲。

グレード別 ピアノ名曲120選 中級
菊倍判／152頁／定価〔本体1,200円+税〕
ISBN978-4-86633-799-9　JAN4589496597998

ダッタン人の踊り／ジュ・トゥ・ヴ／軍隊行進曲 第1番／アルプスのたばえ／アルプスの鐘／2つのアラベスク／亜麻色の髪の乙女／乙女の祈り／花の歌／ドナウ河のさざなみ／美しく青きドナウ／狩の歌／トロイメライ／悲しい歌／アニトラの踊り／コンソレーション 第3番／ハバネラ／ノクターンOp.9-2／小犬のワルツ／マズルカ 第5番／エンターテイナー 他 全34曲。

グレード別 ピアノ名曲120選 上級
菊倍判／152頁／定価〔本体1,200円+税〕
ISBN978-4-86633-800-2　JAN4589496598001

幻想即興曲／華麗なる大円舞曲／雨だれの前奏曲／軍隊ポロネーズ／葬送行進曲／別れの曲／黒鍵のエチュード／木枯らしのエチュード／革命のエチュード／銀波／月の光／夢／アヴェ・マリア／熊蜂の飛行／天使の夢／ユモレスク／ハンガリア舞曲 第5番／シシリエンヌ／蝶々／春に寄す／亡き王女のためのパヴァーヌ／愛の夢 第3番／ラ・カンパネラ／飛翔 他 全25曲。

ベートーヴェン ピアノ名曲集
菊倍判／104頁／定価〔本体1,200円+税〕
ISBN978-4-86414-913-6　JAN4560378569135

ピアノ・ソナタ 第8番「悲愴」／ピアノ・ソナタ 第14番「月光」／ピアノ・ソナタ 第23番「熱情」／さらばピアノよ／メヌエット ト長調／エリーゼのために／トルコ行進曲 全7曲

シューベルト ピアノ名曲集
菊倍判／128頁／定価〔本体1,200円+税〕
ISBN978-4-86414-925-9　JAN4560378569258

即興曲 作品90 第1番～第4番／即興曲 作品142 第1番～第4番／楽興の時 第1番～第6番 全14曲。

ショパン ピアノ名曲集
菊倍判／104頁／定価〔本体1,200円+税〕
ISBN978-4-86414-914-3　JAN4560378569142

幻想即興曲／マズルカ 第5番 変ロ長調／華麗なる大円舞曲／小犬のワルツ／ワルツ 第7番 嬰ハ短調／告別のワルツ／ワルツ 第10番 ロ短調／前奏曲 第7番 イ長調／雨だれの前奏曲／軍隊ポロネーズ／英雄ポロネーズ／葬送行進曲／別れの曲／黒鍵のエチュード／革命のエチュード／木枯らしのエチュード／ノクターン 第2番 変ホ長調／ノクターン 第20番 嬰ハ短調〈遺作〉 全18曲。

リスト ピアノ名曲選
菊倍判／100頁／定価〔本体1,500円+税〕
ISBN978-4-86633-871-2　JAN4589496598711

ラ・カンパネラ／ハンガリー狂詩曲 第2番／ため息／泉のほとりで〈巡礼の年 第1年 スイス〉／愛の夢 第3番／コンソレーション 第3番／村の居酒屋での踊り〈メフィスト・ワルツ 第1番〉全7曲。

ドビュッシー ピアノ名曲集
菊倍判／104頁／定価〔本体1,200円+税〕
ISBN978-4-86414-895-5　JAN4560378568954

夢／2つのアラベスク／サラバンド／〈ベルガマスク組曲〉より 前奏曲／月の光／パスピエ／雨の庭〈版画〉／喜びの島／〈子供の領分〉全6曲 グラドゥス・アド・パルナスム博士／象の子守唄／人形へのセレナード／雪が踊っている／小さな羊飼／ゴリウォーグのケークウォーク／沈める寺〈前奏曲集第1巻〉／亜麻色の髪の乙女〈前奏曲集第1巻〉全17曲。

サティ ピアノ名曲選
菊倍判／88頁／定価〔本体1,500円+税〕
ISBN978-4-86633-857-6　JAN4589496598575

ジムノペディ 第1番～第3番／グノシェンヌ 第1番～第6番／天国の英雄的な門への前奏曲／逃げ出させる歌／歪んだ踊り／ヴェクサシオン／ジュ・トゥ・ヴ／ピカデリー／（犬のための）ぶよぶよした前奏曲（全4曲）／（犬のための）ぶよぶよした本物の前奏曲（全3曲）／乾燥胎児（全3曲）／官僚的なソナチネ 全26曲。

ラヴェル ピアノ名曲集
菊倍判／112頁／定価〔本体1,500円+税〕
ISBN978-4-86414-903-7　JAN4560378569036

古風なメヌエット／ソナチネ／道化師の朝の歌〈鏡〉／前奏曲／水の精〈夜のガスパール〉／絞首台〈夜のガスパール〉／スカルボ〈夜のガスパール〉／水の戯れ／亡き王女のためのパヴァーヌ／前奏曲〈クープランの墓〉全10曲。

スコット・ジョプリン ピアノ名曲選
菊倍判／92頁／定価〔本体1,500円+税〕
ISBN978-4-86633-862-0　JAN4589496598629

メイプル・リーフ・ラグ／エンターテイナー／ラグタイム・ダンス／グラジオラス・ラグ／フィグ・リーフ・ラグ／スコット・ジョプリンのニュー・ラグ／ソラス／ユーフォニック・サウンズ／エリート・シンコペーションズ／ベセーナ／パラゴン・ラグ／パイナップル・ラグ／しだれ柳／カスケーズ／カントリー・クラブ／イージー・ウィナーズ／ストップタイム・ラグ 他 全19曲。

ガーシュウィン ピアノ名曲集
菊倍判／88頁／定価〔本体1,200円+税〕
ISBN978-4-86414-885-6　JAN4560378568855

3つの前奏曲／魅惑のリズム／スワンダフル／ノーバディ・バット・ユー／マイ・ワン・アンド・リー／確かな感じ／フー・ケアーズ？／サムバディ・ラヴズ・ミー／アイル・ビルド・ア・ステアウェイ・トゥ・パラダイス／オー、レディ・ビー・グッド！／スウィート・アンド・ロウ・ダウン／スワニー／アイ・ガット・リズム／私の彼氏／ライザ／ラプソディー・イン・ブルー 他 全22曲。

お求めはお近くの楽器店またはオンラインショップまでお願いいたします。店頭にない際は販売店へご注文ください。品切れの際は何とぞご容赦ください。

新刊情報はこちらから！
デプロMP ホームページ
www.depromp.co.jp

お買い物はこちらから！
デプロMP オンラインショップ
depromp.official.ec

リスト ピアノ名曲選

編著者	デプロMP
発行日	2025年2月28日
発行所	株式会社デプロMP
	〒162-0814 東京都新宿区新小川町8-7
	TEL.03-5206-2238　FAX.03-3268-0328
	定価〔本体1500円+税〕
	ISBN978-4-86633-871-2

© 無断複製、転載を禁じます。●万一、乱丁や落丁がありましたときは当社にてお取り替えいたします。